생각을 여는

# 처음탄탄 한국사

**01** 선사 시대와 초기 국가 시대

황은희 글 | 박연옥 그림

스푼북

## 차례

**01** 역사는 왜 공부해야 할까? _7

**02** 변하기도 하고 이어지기도 한다고? _15

**03** 왜 같은 사건을 다르게 이야기할까? _21

**04** 역사를 어떻게 탐구할까? _29

**05** 인류는 언제부터 두 발로 걷기 시작했을까? _35

**06** 돌깨네 가족이 돌을 깨뜨린 이유는? _43

**07** 돌가네 마을 사람들은 어떻게 살았을까? _51

**08** 청동으로 도구를 만들어 썼다고?  _59

**09** 단군 신화가 알려 주는 것은?  _67

**10** 8조법에 나타난 고조선 사회의 모습은?  _75

**11** 철기는 어떤 변화를 가져왔을까?  _81

**12** 한반도 곳곳에 여러 나라가 세워졌다고?  _87

**13** 여러 나라에는 어떤 특별한 풍습이 있었을까?  _93

**14** 왕이 알에서 태어났다고?  _99

◦ 연표 _106
◦ 찾아보기 _108
◦ 사진 저작권 _110

# 역사는 왜 공부해야 할까?

"세상을 바라보는 눈을 넓히고 싶다고? 역사를 공부하면 우리의 오늘과 미래를 어떻게 살아가야 할지 내다볼 수 있게 된단다."
혜안이는 할아버지의 말씀을 듣고 생각에 빠졌어. 역사는 옛날 사람들의 이야기라고만 알고 있었는데, 어떻게 나의 오늘과 미래에 연관 있는 걸까? 역사란 무엇일까? 왜 역사를 공부해야 할까?

많은 어린이가 혜안이처럼 역사를 '과거에 일어난 일'이라고만 알고 있을 거야. 물론 혜안이의 생각도 맞아. 하지만 과거에 일어난 일 중에는 '밥을 먹었다', '잠을 잤다'처럼 매일 똑같이 일어나는 것들이 많은데, 이런 것들을 일일이 기록으로 남기기는 어려워. 그래서 역사가들은 과거에 일어난 무수한 일들 가운데 의미가 있다고 여긴 것을 골라 기록해. 이렇게 기록으로 남겨진 과거의 사건들 역시 역사라 부른단다. 다시 말해, 역사는 '과거에 일어난 사실'이라는 뜻과 '과거에 일어난 사실을 기록한 것'이라는 두 가지 뜻을 지니고 있지.

우리는 과거를 문자로 된 기록이 있느냐 없느냐에 따라 크게 두 시대로 나누어. 문자 기록 없이 유물이나 유적만 남아 있는 시대를 '선사 시대', 문자로 쓴 기록이 있는 시대를 '역사 시대'라 하지.

|  | 선사 시대 | 역사 시대 |
|---|---|---|
| 뜻 | 문자로 된 기록 없이 유물이나 유적만 남아 있는 아주 먼 옛날 | 문자로 쓴 기록이 있는 시대 |

◀ 알타미라 동굴 벽화
에스파냐 북부의 알타미라 동굴에서 발견된 벽화로, 구석기 시대 사람들이 그렸어.

그렇다면 문자로 쓴 기록이 없는 선사 시대를 알 수 있는 방법은 전혀 없을까? 아니, 그렇지는 않아. 문자가 없던 시절에도 사람들이 생활했던 흔적들은 남아 있거든. 당시 사람들의 경험이나 생각이 담긴 그림도 있고, 입에서 입으로 대대손손 전해진 이야기도 있어.

그래서 우리는 문자 기록뿐 아니라 옛날 사람들이 일상생활에서 사용했던 도구나 물건, 그림 같은 유물과 집이나 마을, 궁궐이나 성곽, 절, 무덤 같은 유적을 통해 과거의 모습과 당시 사람들

▲ 《조선왕조실록》
조선 시대 제1대 왕부터 제25대 왕까지의 기간 동안 일어났던 일들을 날짜 단위로 기록한 책이야.

▲ **신라 금관(왼쪽)과 경복궁 근정전(오른쪽)**
신라 금관은 '유물'이고 경복궁 근정전은 '유적'이야.

의 생각을 짐작할 수 있지.

유물은 토기, 도구, 장신구 등 앞선 세대가 남긴 물건으로 크기가 작아서 운반이 가능한 것을 말해. 유적은 성곽, 절, 무덤 등 앞선 세대가 남긴 것 중 형태가 크고 위치를 옮길 수 없는 것을 말하지.

물론 유물과 유적이 모든 걸 알려 주지는 않아. 때로는 상상력을 발휘해 역사적 사실 사이의 빈틈을 채워 넣어야 하는 경우도 있단다.

사람들은 왜 역사를 공부할까? 아마도 나의 할아버지, 할머니, 그리고 그분들의 할아버지, 할머니가 어떻게 살았는지에 관한 호기심 때문일 거야. 그리고 과거 사람들이 어떻게 살아왔는지를 알면 우리가 살아가는 오늘날의 모습을 보다 잘 이해할 수 있어. 옛날 사람들의 삶을 들여다보며 우리에게 닥친 문제나 고민을 해결할 중요한 실마리를 얻을 수도 있지. 또 미래의 삶도 더 잘 준비할 수 있을 거야.

## 우리를 과거로 이끄는 기록들

 옛사람들이 남긴 기록은 오늘날 우리를 과거로 이끄는 길잡이 역할을 해. 옛사람들이 쓴 책과 편지, 일기를 들여다보면 수천, 수백 년 전의 일도 마치 어제 일어난 일인 것처럼 생생하게 알 수 있거든.

 예를 들면 이순신 장군이 쓴 《난중일기》가 있어. '난중일기'란 '전란 중에 쓴 일기'란 뜻이야. 《난중일기》에는 임진왜란 시기 이순신 장군이 어떻게 전쟁을 준비하고 일본군에 맞서 싸웠는지, 당시 백성들이 어떤 어려움을 겪었는지 등이 자세히 기록되어 있어. 그 덕분에 우리는 임진왜란이 어떤 전쟁이었는지 잘 알 수 있지.

 같은 시기 조선의 정승이었던 류성룡이 쓴 《징비록》도 마찬가지야. 《징비록》은 '지난 잘못을 벌하고 후환을 경계하는 기록'이란 뜻이야.

 이 책에는 임진왜란이 왜 일어났는지, 당시 조선과 일본, 명나라의 외교 관계는 어땠는지, 일본의 침입에 조선이 어떻게 맞서 싸웠는지 등에 대한 류성룡의 생각이 자세히 담겨 있어. 전쟁으로 비참해진 백성들의 고통스러운 삶도 빼곡하게 기록되어 있지. 《징비록》에서 류성룡은 임진왜란이 불러온 참혹한 현실을 전하며 관리로서 다시는 나라에 이런 큰 어려움이 닥치지 않기를 바라는 마음을 담았어.

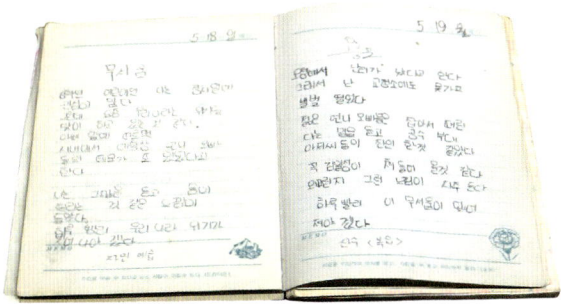

▲ 5·18 민주화 운동 당시 한 초등학생이 쓴 일기

어린이들이 남긴 의미 깊은 기록도 있어. 1980년 5월, 광주 시민들은 민주화를 요구하며 시위를 벌였어. 이 과정에서 수많은 시민이 계엄군이 쏜 총에 맞아 목숨을 잃었지. 이때 초등학교 6학년이었던 한 학생이 자신이 보고 느낀 것을 일기로 남겼어. 이 일기에는 당시의 충격적인 상황과 어린이가 느낀 두려움이 고스란히 드러나 있지. 이런 기록을 통해 우리가 경험하지 않았던 사건들도 선명하게 파악할 수 있단다.

# 변하기도 하고 이어지기도 한다고?

"엄마, 오늘 학교에서 고누 놀이했어요."
"정말? 엄마도 어렸을 때 즐겨 하던 놀이인데!"
이음이는 엄마도 고누 놀이를 했다는 사실이 정말 신기했어. 조선 시대의 어린이들도 고누 놀이를 했다는 말에는 더욱 놀랐지.
고누 놀이처럼 옛날부터 지금까지 이어져 내려오는 것에는 또 무엇이 있을까?

인류의 삶은 과거부터 오늘날까지 계속해서 크고 작은 변화와 발전을 거듭해 왔어. 나무나 돌로 뚝딱뚝딱 농기구를 만들어 땅을 일구던 사람들은 이제 기계를 이용해 농사를 지어. 동굴을 집 삼아 살던 사람들은 차츰 땅 위에 다양한 재료를 이용해 집을 짓기 시작했고, 지금은 하늘에 닿을 듯한 높은 건물에 살기도 하지. 한때 훨훨 날아다니는 새를 동경했던 인류는 오늘날 비행기를 타고 하늘을 날아다녀. 뿐만 아

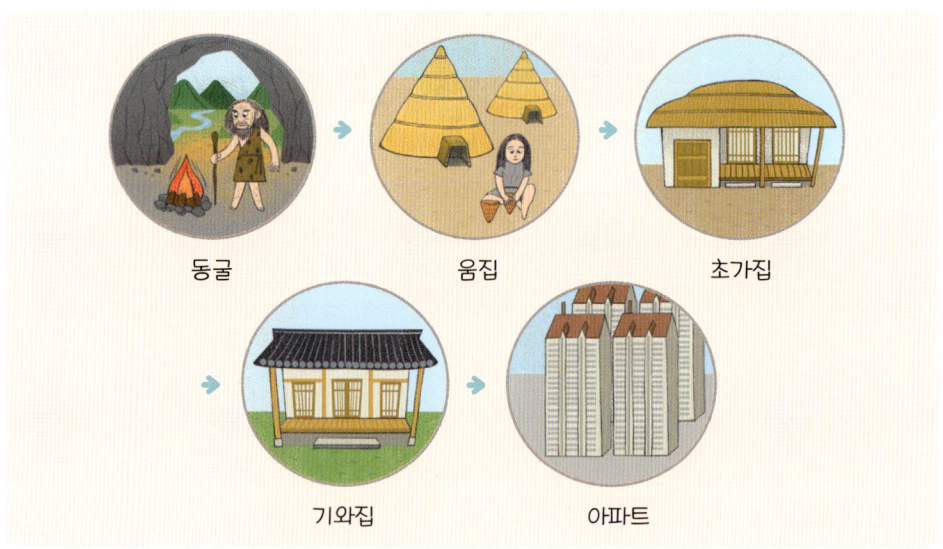

▲ 과거부터 지금까지 집의 형태

니라 우주 공간에 인공위성을 쏘아 올리고 우주여행도 갈 수 있지.

하지만 모든 것이 바뀐 건 아니야. 긴 시간이 지났어도 오늘날까지 이어져 오는 것들도 있거든. 이음이와 엄마가 즐겼던 고누 놀이도 그중 하나야. 새해가 되면 한복을 입고 세배를 하거나 윷놀이, 연날리기를 하는 것도 마찬가지지. 이렇게 옛날 사람들의 생각과 생활 습관 등 문화가 대대로 이어져 온 것을 우리는 '전통'이라고 불러.

전통은 오늘을 살아가는 우리를 과거에 살았던 조상들과 연결해 줘. 그리고 우리가 과거와 동떨어진 존재가 아니라 아주 먼 과거와 이어져 있다는 것을 일깨워 주지.

▲ 오늘날까지 이어지는 전통

오늘날에도 설날에 웃어른들께 세배를 드리고 복날에 더위를 물리치기 위해 삼계탕을 먹어.

생각 톡톡

## 계절마다 즐기는 세시 풍속

세시 풍속은 해마다 같은 시기에 반복해서 하던 생활 습관이 현재까지 전해진 것을 뜻해. 우리 조상들은 주로 농사를 짓고 살았어. 그러다 보니 한 해의 날씨와 계절의 변화를 아는 게 무엇보다 중요했지. 조상들은 시기에 맞춰 씨를 뿌리고 농사를 지었고, 특정한 시기마다 정성껏 음식을 마련해 제사를 지내거나 축제와 놀이를 즐겼어. 대표적인 세시 풍속에는 어떤 것들이 있는지 같이 살펴볼까?

**봄 단오**
창포물에 머리를 감고 그네를 타거나 씨름을 즐겼지.

**여름 백중**
농사를 잠시 멈추고 잔치를 벌여 더위로 지친 몸과 마음을 회복했어.

**가을 추석**
조상님께 정성껏 차례를 지내고 송편을 만들어 먹었어.

**겨울 정월 대보름**
새벽에 부럼을 깨물어 먹고, 액을 막고 복을 비는 액막이연을 날렸어.

먼저 꽁꽁 얼었던 얼음이 녹고 농부들이 논밭을 일구기 시작하는 봄철, 그중에서 음력 5월 5일을 '단오'라고 불렀어. 이 단오에는 마을의 수호신에게 제사를 지내고, 여인들은 창포를 삶은 물에 머리를 감았지. 그네뛰기도 즐겼어. 남자들은 씨름 경기를 벌였지.

무더위가 기승을 부리기 시작하는 여름철 음력 7월 보름* '백중'에는 잠시 농사를 멈추고 잔치를 벌였다고 해. 더위를 식히며 지친 몸과 마음을 회복하려 한 거야.

날씨가 선선해지는 음력 8월 보름 '추석'은 예나 지금이나 가장 큰 명절 중 하나야. 이날에는 조상들의 산소를 정성껏 돌보고 차례를 지내. 그리고 맛있는 송편을 만들어 친척들, 마을 사람들과 함께 나누어 먹지.

**보름**
보름은 음력으로 그달의 15일째 되는 날이야.

**정월**
음력으로 한 해의 첫째 달을 말해.

**초하루**
매달 첫째 날을 말해.

음력 정월* 초하루* 설날에는 조상에게 차례를 지내고 웃어른께 세배를 드려. 친척들과 함께 떡국을 먹고, 윷놀이와 널뛰기, 연날리기를 즐겼지. 음력 정월 15일 정월 대보름에는 새벽에 일어나 부럼을 깨물었어. 부럼은 밤과 호두, 잣 같은 딱딱한 열매인데 이것을 이로 깨물어 먹으면 한 해 동안 부스럼이 생기지 않는다고 여겼단다. 또 다섯 가지 곡식으로 오곡밥을 지어 먹었어.

이런 세시 풍속 중에는 오늘날 없어지거나 간략하게 바뀐 것도 있지만 지금까지 여전히 행해지고 있는 것들도 많아.

# 왜 같은 사건을 다르게 이야기할까?

가람이는 최근에 '아기 돼지 삼 형제'에 관한 새로운 동화를 읽었어. 똑같은 이야기를 다룬 책이지만 아기 돼지들이 아닌 늑대의 관점에서 보니 전혀 다른 이야기가 펼쳐졌지. 가람이는 같은 사건도 누구의 입장에서 보느냐에 따라 다르게 보인다는 것이 너무 신기했어.
역사에서도 같은 일을 다르게 이야기하는 경우가 있을까?

동화 《아기 돼지 삼 형제》에서 늑대는 아기 돼지를 잡아먹으려는 악당이야. 늑대는 짚으로 지은 첫째 돼지의 집을 입김으로 날려 버리고, 나뭇가지로 지은 둘째 돼지의 집을 몸으로 부딪혀 부숴 버렸지. 집을 잃은 돼지들은 막내 돼지의 벽돌집으로 도망쳤어. 늑대는 막내 돼지의 집도 부수려 했지만 벽돌로 만든 튼튼한 집은 끄떡도 안 했어. 최후의 수단으로 늑대는 굴뚝을 통해 안으로 들어가기로 했지. 하지만 안으로 들어가자마자 돼지 형제들이 준비해 놓은 펄펄 끓는 물에 풍덩 빠지고 말았단다.

가람이가 읽은 새로운 이야기는 늑대의 입장에서 사건이 적혀 있었어. 늑대가 아기 돼지 삼 형제의 집에 간 이유는 돼지들을 잡아먹기 위해서가 아니라 생일 케이크에 넣을 설탕을 빌리기 위해서였어. 늑대가 첫째와 둘째의 집을 부순 것은 때마침 재채기를 했기 때문이었지. 사과할 새도 없이 첫째와 둘째 돼지가 도망쳐 버리자 어쩔 수 없이 늑대는 막내 돼지에게 설탕을 빌리러 갔어. 그런데 막내 돼지가 너무 버릇없이 굴자 화를 참지 못하고 문을 부숴 버렸지. 그리고

는…….

자, 어떠니? 같은 사건이라도 각자의 입장에 따라 이렇게 다르게 볼 수 있단다.

역사에서도 이처럼 하나의 사실이나 사건을 각자 다르게 생각하고 기록할 수 있어. 또 상황에 따라 자기에게 유리하게 기록을 남기기도 하지. 한 사건에 대한 평가가 이후 사람들의 생각이나 관점에 따라 달라지기도 해. 한번 예를 들어 볼까?

백제의 마지막 왕이었던 의자왕은 술과 향락을 가까이하다 나라를 무너뜨린 인물로 알려져 있어. 나라가 멸망하자 의자왕이 거느렸던

궁녀 3,000명이 절벽에서 뛰어내렸다는 이야기도 전해지지. 몇몇 기록에 따르면 의자왕은 몹시 거만하고 사치를 즐기며 충신을 멀리하고 간신을 가까이했다고 해. 사람들은 의자왕에 얽힌 이 전설과 기록만을 믿고 의자왕을 못나고 한심한 왕이라 여겼지.

하지만 의자왕은 마냥 능력 없고 못된 왕이 아니었어. 역사학자들은 의자왕이 흔들리는 백제를 강하게 만들려 노력했고, 영토를 넓히는 등 나름대로 업적을 남긴 통치자라고 생각하거든. 삼천 궁녀 이야기도 근거가 없는 이야기라 여기지. 사실 의자왕은 효성이 지극하고 형제와 우애가 깊기로 소문이 자자했어. 그뿐 아니라 이웃 나라 신라와 치열하게 전쟁을 벌여 많은 성과 땅을 빼앗기도 했지. 물론 점차 나랏일을 멀리하고 사치에 빠졌지만 왕으로서 한 일이 전혀 없는 건 아니야.

역사학자들은 삼국을 통일한 신라가 자신들을 몹시 괴롭혔던 의자왕의 업적을 깎아내리고 나쁜 부분만 강조해 기록한 게 아닐지 의심하고 있어. 백제를 무너뜨린 신라를 더 돋보이게 하려고 말이야.

어때? 앞으로 어떤 관점으로 바라보는가에 따라 같은 사실도 다르게 볼 수 있다는 걸 꼭 기억해 두렴.

## 역사를 기록하는 사람들, 사관

과거에는 왕 가까운 곳에 머물며 궁궐에서 일어난 모든 일을 기록하는 관리가 있었어. 바로 '사관'이야. 오늘날 우리나라의 대표적인 기록 유산으로 손꼽히는 《조선왕조실록》을 펴낼 수 있었던 것도 사관이 성실하게 기록을 남겼기 때문이지.

사관의 임무는 왕에게 일어난 일을 하나도 놓치지 않고 기록하는 거야. 사관의 기록을 '사초'라고 하는데, 이 사초를 바탕으로 다른 자료를 참고해서 펴낸 게 바로 실록이지. 사초는 몹시 엄격하게 관리되어 실록을 펴내기 전까지는 그 누구도 볼 수 없

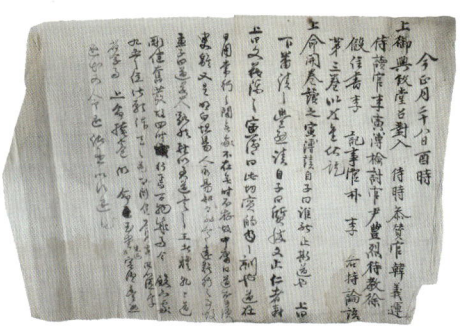

▲ 사관 이용민의 사초
조선 제23대 왕 순조 때의 사초야.

었어. 그게 나라에서 가장 큰 힘을 가진 왕이라도 말이야. 기록을 남긴 사관조차도 마찬가지였지.

조선 시대는 기록을 남기는 일을 무엇보다 중요하게 여겼어. 역사는 과거의 허물을 비추는 거울과 같다고 생각했거든. 그래서 왕이 잘한 것은 물론, 실수하거나 잘못한 것도 남김없이 기록해 후손들에게 모범이 되도록 했지.

그 때문에 사관은 아주 중요한 직책으로 여겨졌어. 그래서 아무나 사관으로 뽑지 않았지. 좋은 가문 출신에 몸가짐이 반듯하고 학문이 뛰어난 사람만이 사관이 될 수 있었어. 이 사관들은 임금의 곁에 머물며 사소한 것 하나도 놓치지 않고 기록하려고 노력했지.

사관의 열정이 지나친 나머지 왕이 잔치를 열 때 몰래 찾아가서 엿보거나 심지어는

왕의 거처에 숨어들어 병풍 뒤에서 왕의 행동을 기록하는 일도 있었다고 해. 그래서 《조선왕조실록》에는 왕과 사관이 실랑이를 벌인 기록을 심심찮게 찾아볼 수 있지.

어느 날, 조선의 제3대 왕 태종이 사냥을 하다가 실수로 말에서 떨어졌어. 왕은 부끄러워서 이 일을 사관에게 알리지 말라고 당부했지. 하지만 사관은 왕의 당부에도 '왕이 사냥하다 말에서 떨어졌다. 그러나 이를 사관이 알게 하지 말라고 명령하였다.'라고 있는 그대로 기록했다고 해. 어때, 사관이 어떤 존재였는지 잘 알겠지?

# 역사를 어떻게 탐구할까?

명석이는 가족들과 함께 강화도에 갔어. 그곳에는 탁자 모양의 커다란 돌이 여러 개 있었지. 문화관광해설사 선생님께서 이 돌은 고인돌이고, 오래전 지배자의 무덤이라고 알려 주셨어. 설명을 듣던 명석이는 궁금한 게 생겼지.

학자들은 유적이나 유물의 쓰임새를 어떻게 알아낼까?

1971년 여름, 전라남도 화순군 도곡면 대곡리에서 일어난 일이야. 이곳에 구 씨 성을 가진 농부가 살고 있었어. 구 씨는 물길을 만들기 위해 삽을 들고 땅을 파기 시작했지. 그런데 땅속에서 무언가 딱딱한 게 느껴졌어. 텅텅, 쇠 같은 것이 부딪히는 소리도 났지.

이상하게 여긴 구 씨는 땅을 깊숙이 팠어. 그러자 녹슨 물건들이 나왔어. 구 씨는 쓸모없는 고철이라고 생각해 엿장수에게 팔아 버렸지. 그런데 엿장수의 눈에는 그 물건이 예사롭지 않게 보였어.

"뭔가 특별한 물건 같은데……. 도청에 가져다주어야겠군."

엿장수는 구 씨에게서 산 물건들을 들고 전라남도 도청으로 갔지.

며칠 뒤 소식을 전해 들은 국립중앙박물관 학예사*들이 대곡리에 왔어.

**학예사**
박물관이나 미술관에서 유물 또는 작품을 구입하거나 수집하여 관리하고 전시하는 사람이야. 큐레이터라고도 하지.

학예사들은 곧장 조사를 시작했어. 조사 결과, 아주 놀라운 사실이 밝혀졌어. 구 씨가 고철로 생각했던 물건이 알고 보니 수천 년 전에 만들어진 청동 유물이었던 거야. 이후 학자들의 연구가 이어졌고, 2점의 청동 검이 새롭게 발견되

▲ 전라남도 화순군 대곡리에서 발견한 청동기 시대 유물

었어. 대곡리는 기원전 2400여 년 전 청동기 시대에 마을이 있었던 곳으로 밝혀졌지.

어때? 신비한 보물을 발견하는 과정을 본 것 같지? 이렇게 유물이나 유적을 탐구하면 새로운 사실을 알게 돼. 대곡리는 어떤 마을이었는지, 기원전 2400여 년 전에는 지배자가 죽으면 무엇을 함께 묻었는지 등을 말이야.

이런 식으로 역사가들은 옛사람들이 남긴 기록과 유물 등의 사료*를 가지고 과거의 모습을 재구성해. 문자 기록이 없는 선사 시대는 유물과 유적

**사료**
과거의 기록이나 자료, 기록물과 문서, 지도, 사진 등 옛사람들이 남긴 흔적을 말해. 하지만 보통은 기록물이나 문서 등을 일컫는 말로 쓰여.

▲ **역사를 연구하는 방법**
역사가들은 옛사람들이 남긴 유물과 유적, 기록 등을 연구해서 과거의 모습을 선명하게 밝혀내.

을 통해서, 문자 기록이 있는 역사 시대는 유물과 유적뿐만 아니라 문자로 남겨진 기록을 읽고 해석해서 역사를 연구하지. 이런 연구들이 쌓이고 쌓여 잘 알지 못했던 과거의 모습이 점차 선명하게 드러나는 거야.

우리가 역사를 공부하는 방법도 마찬가지야. 역사학자들처럼 전문적인 지식은 아직 갖추지 못했지만, 유물과 유적을 보며 질문하고 상상하며 옛날 사람들이 살았던 모습을 하나씩 알아 가지. 그렇게 궁금증을 해결하며 옛날 사람들의 흔적을 만나다 보면 역사적 사고력이 쑥쑥 자라게 된단다.

## 유물과 유적을 보며 질문하고 탐구해요

생각 톡톡

◀ 주먹도끼

어떤 방법으로 만들었을까?

손잡이가 없는데 어떻게 사용했지?
▲ 비파형 동검

▼ 빗살무늬 토기

산은 왜 저렇게 작게 그렸을까?

왜 밑을 뾰족하게 만들었을까?

▶ 무용총 수렵도

생각 톡톡

무덤을 이렇게 크게 만든 이유는 무엇일까?

▲ 경주 대릉원의 고분들

▼ 경주 불국사

역사 공부는 유물과 유적을 보고 질문하고 상상하며 답을 찾아가는 과정이란다.

불국사라는 절 이름의 뜻은 무엇일까?

# 인류는 언제부터 두 발로 걷기 시작했을까?

수백만 년 전 아프리카 대륙의 숲속. 이 나무 저 나무 오가며 살던 '루시'가 어느 날 나무에서 내려와 두 발을 땅에 내디뎠어. 그러고는 곧게 몸을 세워 걷기 시작했지. 루시는 '오스트랄로피테쿠스 아파렌시스'라고도 불려. 역사학자들은 루시를 최초의 인류라고 인정하고 있지.

루시가 두 발로 서서 걷기 시작한 이후, 어떤 변화가 생겼을까?

우주와 지구의 탄생을 지켜본 사람은 없어. 다만 여러 과학자들이 근거를 찾아 '이랬을 것이다'라는 이론을 제시하고 있지. 그중 대표적인 것이 '빅뱅(대폭발) 이론'이야. 우주가 거대한 폭발로 생겨났다는 것이지. 이 이론에 따르면 지구는 지금으로부터 약 46억 년 전에 생겨났다고 해.

▲ 환경에 적응해 나가는 최초의 인류

막 태어난 지구는 생물이 살 수 없을 정도로 엄청나게 뜨거웠어. 크고 작은 운석이 하늘에서 쾅쾅 떨어지기 일쑤였고, 산소도 무척 적었지. 하지만 운석 충돌이 줄어들며 지구는 점차 식어 갔어. 아주 오랫동안 눈과 비가 번갈아 내렸고, 마침내 생명이 살 수 있는 환경이 되었지. 그에 따라 온갖 생물이 생겨났어. 아주 작고 단순한 모습을 한 생물들부터 공룡같이 크고 복잡한 모습을 한 생물들까지 다양한 생명체가 살기 시작했지. 하지만 지구는 따뜻해지고 추워지기를 반복했고, 변화하는 환경에 적응하지 못한 동식물들은 멸종했어.

어느덧 지구에는 크고 빽빽한 숲이 생겨나고 그 속에서 다양한 동식물이 살아가게 되었지. 그중에는 인류의 조상도 있었어. 인류는 사나운 짐승의 공격을 피해 주로 나무 위에서 생활했어. 배가 고프면 나무에 주렁주렁 달린 열매를 따 먹으며 살았지.

그러던 어느 날, 지구 환경이 변하면서 울창한 숲이 점점 사라져 갔어. 숲이 없어지자 인류는 더 이상 나무 위에서 살 수 없게 되었지. 결국, 인류는 나무에서 땅으로 내려왔어.

### 최초의 인류, 루시의 발굴

현재까지 알려져 있는 최초의 인류는 '루시'야. 루시는 약 320만 년 전에 살았던 인류로 보여. 1974년, 아프리카에 있는 에티오피아의 한 계곡에서 발굴되었지. 학자들은 발굴된 뼈를 조사했어. 키는 약 1미터 정도로 현생 인류보다는 침팬지에 가까워 보였지. 학자들은 발굴된 뼈에 '루시'라는 이름을 붙였어. 학자들이 뼈를 연구할 때 라디오에서 비틀스의 〈Lucy in the Sky with Diamonds〉라는 노래가 흘러나왔거든.

루시가 발굴된 이후, 아프리카 곳곳에서 루시보다 오래된 것으로 보이는 화석이 발굴됐어. 하지만 이들이 인류와 직접적인 연관이 있는지는 밝혀지지 않았지. 훗날 확실하게 루시보다 오래된 인류 화석이 발굴된다면, 최초의 인류 이름이 바뀔 수도 있을 거야.

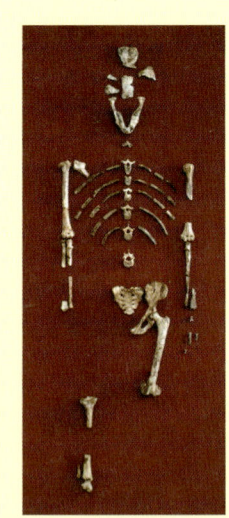

▲ 루시의 뼈 화석

그런데 막상 땅에 내려와 보니 무서운 게 너무 많았어. 날카로운 이빨을 가진 짐승과 당장이라도 할퀼 듯 발톱을 세운 새들이 두렵게 느껴졌지. 하지만 인류는 새로운 환경에 조금씩 적응하며 살길을 찾아 나갔어.

다른 동물들과 달리 네 손가락과 마주하고 있는 엄지를 자유롭게 쓸 수 있는 것은 정말 특별한 일이었어. 두 발로 걷게 되면서 두 손을 자유롭게 쓸 수 있게 되자 점차 두뇌도 발달했지. 돌이나 나무, 동물 뼈를 이용해 필요한 도구를 만들어 썼고, 불을 사용하게 되면서부터는 음식을 조리해 먹거나 몸을 따뜻하게 데울 수 있었어. 이제 인류의 새로운 삶이 시작된 거야.

생각 톡톡

## 인류의 기원은?

　처음 지구에 모습을 나타낸 인류는 지금과 많이 달랐어. 온몸에는 털이 수북했고 생김새는 오랑우탄이나 침팬지 같은 동물에 가까워 보였지. 몸집도 아주 작았어. 키는 1미터 남짓이었고 두뇌 크기는 오늘날 인류의 3분의 1도 채 되지 않았어. 언어를 쓸 줄 몰라 그저 간단한 소리를 내거나 손짓으로 표현하는 게 전부였지. 하지만 수백만 년이라는 긴 시간에 걸쳐 인류는 언어로 지식과 감정을 전달하고 복잡한 도구를

**오스트랄로피테쿠스 아파렌시스**

약 390만 년 전에 살았던 최초의 인류로 두 발로 걸었고 간단한 도구를 사용했어.

**호모 에렉투스**

약 180만 년 전에 살았으며 직립 보행을 했어. 불과 언어를 사용했고 무리를 지어 사냥했지.

만들어 사용할 수 있을 만큼 진화했어. 학자들은 인류가 진화할 수 있었던 가장 중요한 요인을 직립 보행이라고 봐. 두 발로 걸으면서 자유로워진 두 손으로 도구를 사용할 수 있게 되었고, 두뇌 용량이 커져서 지능이 발달하게 되었다고 보거든. 또 언어를 사용해 의사소통을 하면서 문화를 발전시킬 수 있었다고 여긴단다.

**호모 네안데르탈렌시스**

약 40만 년 전에 살았으며 두뇌 용량이 오늘날의 인류와 비슷해졌어. 사람이 죽으면 시신을 땅에 묻어 주었어.

**호모 사피엔스**

'지혜가 있는 사람'이라는 뜻이야. 현생 인류의 직계 조상으로 약 20만 년 전에 살았어. 정교한 도구를 만들어 사용했으며 동굴에 벽화를 그렸어.

# 돌깨네 가족이
# 돌을 깨뜨린 이유는?

탁탁, 돌깨네 아버지와 어른들이 주워 온 돌을 깨뜨리는 소리가 동굴 안에 퍼졌어. 어른들은 깨진 돌에서 조각을 조심스레 떼어 냈지.
조각을 떼어 낸 돌은 날카로우면서도 한 손에 쥐고 휘두르기 좋은 크기였어. 이렇게 만들어진 돌을 들고 어른들은 사냥을 떠났어.
돌깨네 어른들은 왜 깨진 돌을 들고 사냥을 나갔을까? 그리고 이 돌은 인류의 삶을 어떻게 바꾸었을까?

수백만 년 전, 오늘날 인류의 조상들은 먹고살 곳을 찾아 지구 곳곳으로 퍼져 나갔어. 이렇게 퍼져 나간 인류는 새로운 날씨와 환경에 차차 적응해 갔지. 한반도에 사람이 살기 시작한 것은 약 70만 년 전으로, 이 시기는 '구석기 시대'에 해당해. 인류가 도구를 쓰기 시작하면서 처음으로 다른 동물과 구별되기 시작한 시기지.

　왜 이 시기를 구석기 시대라고 부를까? 바로 돌깨네 가족처럼 돌을 깨뜨리거나 떼어 내어 만든 뗀석기를 사용했기 때문이야. 대표적

▲ 찍개
큰 자갈돌의 한쪽 또는 양쪽을 떼어 내서 만들었어. 나무를 다듬거나 사냥한 동물의 살을 자를 때도 사용했어.

▲ 주먹도끼
구석기 시대에 가장 오랜 기간 사용된 도구야. 찍는 날과 자르는 날이 있어 다양하게 사용되었어.

▲ 찌르개
동물을 사냥할 때 창처럼 찌르는 용도로 사용한 도구야.

― 슴베
▲ 슴베찌르개
찌르개의 뾰족한 날 반대쪽을 다듬어(슴베) 긴 막대에 끼워 넣어 쓰는 도구야.

▲ **구석기 시대의 생활 모습**
구석기 시대 사람들은 주로 동굴이나 바위 그늘, 강가에 막집이라고 하는 간단하게 지은 집에 살았어.

인 뗀석기는 찍개, 주먹도끼, 찌르개 등이야. 그중에서도 주먹도끼는 풀뿌리를 캐고, 나무줄기를 벗겨 내고, 짐승을 사냥하는 등 다양하게 이용된 만능 도구였지.

구석기 후기로 갈수록 더 작고 날카로운 석기를 만들었어. 찌르개에 슴베(자루에 끼우는 부분)를 만들어 나무와 돌을 결합해서 사용하는 도구인 슴베찌르개는 구석기 후기의 뗀석기야. 동물의 뼈를 갈아서 도구를 만들기도 했지.

구석기 시대 사람들에게 먹을거리를 구하는 것은 중요하고도 힘든

일이었어. 사람들은 주로 산과 들판에서 나무 열매를 따 먹거나 식물 뿌리를 캐 먹었지. 어떤 날은 무기를 들고 사냥에 나서기도 했어.

하지만 사냥은 정말 위험한 일이었어. 짐승의 날카로운 이빨과 발톱에 공격을 받아 상처를 입거나 목숨을 잃기도 했거든. 먹을 것이 떨어지면 사람들은 사냥감이나 나무 열매를 찾아 무리를 지어 여기저기 떠돌아다녔어.

▲ 구석기 문화 유적지
평안남도 상원 검은모루 동굴은 약 70만 년 전 한반도에서 생활한 구석기인들의 흔적을 발견한 곳이야. 구석기 시대 유적 중 가장 오래된 유적이지.

그러다가 불을 이용할 줄 알게 되면서 새로운 세상이 열렸어. 불 덕분에 사람들은 캄캄한 밤을 환하게 밝히고, 매서운 추위를 이겨 낼 수 있었지. 사나운 짐승을 쫓아내고 먹을 것을 익혀 먹을 수도 있었어. 불에 익혀 먹으니 맛도 좋고 소화도 잘 되었지.

또 사람들에게는 비바람과 눈, 밤이슬과 사나운 짐

승의 공격을 피해 지낼 곳이 필요했어. 그래서 찾은 곳이 동굴이나 바위 그늘이었어. 자연적으로 만들어진 동굴은 훌륭한 집 역할을 해 주었지.

어떤 사람들은 나뭇가지나 풀을 얼기설기 엮어 막집을 짓기도 했어. 매머드* 뼈로 집을 짓기도 했지. 사람들이 튼튼하고 멋들어진 집을 짓지 않았던 이유는 먹을거리를 찾아 다른 곳으로 이동해야 했기 때문이야. 굳이 힘들게 멋진 집을 지을 필요가 없었던 거지.

이런 구석기 시대 사람들의 생활 모습은 기원전 1만 년 즈음, 두꺼운 빙하가 녹아내리며 크게 바뀌기 시작해.

**매머드**
코끼릿과의 화석 포유류야. 몸길이는 4미터 정도이며 털로 덮였고 굽은 엄니가 있어.

▼ **단양 금굴 유적**
충청북도 단양군의 동굴로 구석기 시대 사람들이 살았던 곳이야.

## 세계의 고고학 지도를 바꾼
## 연천 전곡리 주먹도끼

1978년 겨울, 미군 병사 그렉 보웬은 경기도 연천군 전곡리의 한탄강 주변을 걷고 있었어. 한참을 걷고 있는데, 보웬의 눈에 바닥에 흩어져 있는 돌들이 들어왔어. 그중에서도 어떤 돌이 눈에 띄었지. 이 돌은 왠지 예사롭지 않아 보였어. 강가 주변의 돌들은 모서리가 둥글었지만 이 돌만은 유달리 모서리 여러 군데가 깨져 몹시 날카로웠거든.

**고고학**
유물과 유적을 통하여 옛 인류의 생활 모습과 문화 등을 연구하는 학문을 말해.

대학에서 고고학을 전공한 보웬은 그 돌이 특별하다는 걸 직감했어. 보웬은 즉시 자신이 발견한 돌에 대해 알렸지. 곧 발굴이 이뤄졌어. 고고학자들은 전곡리에서 주먹도끼를 비롯해 수천 점이 넘는 유물을 발굴했어.

전곡리에서 발굴된 유물들은 그동안의 연구 결과를 완전히 뒤집어 놓았어. 이전까

◀ 연천 전곡리에서 주먹도끼를 발견한 그렉 보웬

지 학자들은 한반도를 포함한 동아시아 지역의 구석기 문화가 유럽에 비해 발전이 더뎠다고 생각했어. 그동안 유럽에서는 주먹도끼가 많이 발견되었지만, 동아시아에서는 찍개만 발견되었거든. 주먹도끼는 돌의 양쪽 면을 떼어 내 날카롭게 만들기 때문에 주로 한쪽 면을 떼어 낸 찍개보다 더 정교하고 앞선 도구로 여겨졌어. 그러니까 주먹도끼가 발견된 유럽과 아프리카 지역이 찍개만 발견된 동아시아보다 더 앞선 문화를 가지고 있었다고 본 거야. 그런데 대한민국 연천 전곡리에서 주먹도끼가 발견되면서 그 생각이 완전히 틀렸다는 게 증명되었어.

  강가에 굴러다니던 돌이 사실은 엄청난 유물이었다니 정말 놀랍지? 그러니 앞으로 박물관에 가서 웬 돌덩이가 저렇게 많냐는 말은 하지 말자고!

◀ 연천 전곡리에서 발견된 주먹도끼

# 돌가네 마을 사람들은 어떻게 살았을까?

"지붕에다 연기가 빠져나갈 구멍을 내야 해요."
강 주변에 살기로 한 돌가네 식구는 집을 짓느라 바빴어. 돌가네는 움푹 파낸 땅에 나무 기둥을 세워 집의 뼈대를 만들었어. 그리고 억새 줄기를 지붕으로 올려 집을 완성했지. 그 후 돌가네 집 주변으로 집이 하나둘 지어지더니 곧 마을이 되었어. 이렇게 한곳에 사람들이 모여 살게 된 이유는 무엇일까?

**빙하기**
지구의 기온이 매우 낮아서 얼음이 얼어, 지금보다 바닷물이 훨씬 적었던 시기를 말해.

약 1만 년 전, 빙하기*가 끝나면서 한반도와 그 주변 지역에 큰 변화가 생겼어. 빙하가 녹으며 바닷물이 차올라 하나의 거대한 땅이 지금의 중국과 한반도, 일본으로 따로 떨어지게 된 거야. 날씨가 점차 따뜻해지며 환경이 바뀌자 잎이 넓은 나무가 자라고, 큰 짐승보다는 작은 짐승들

▼ 신석기 시대의 마을

이 더 많아졌지.

녹아내린 빙하로 인해 바닷물과 강물이 불어나면서 물고기, 조개가 많아져 전보다 먹을거리를 쉽게 구할 수 있게 되었어. 더는 먹을거리를 찾아 헤맬 필요가 없어졌지. 그래서 사람들은 돌가네처럼 먹고 마실 물이 있는 강이나 바닷가 주변에 움집을 짓고 모여 살게 되었어. 이 시대를 '신석기 시대'라고 불러.

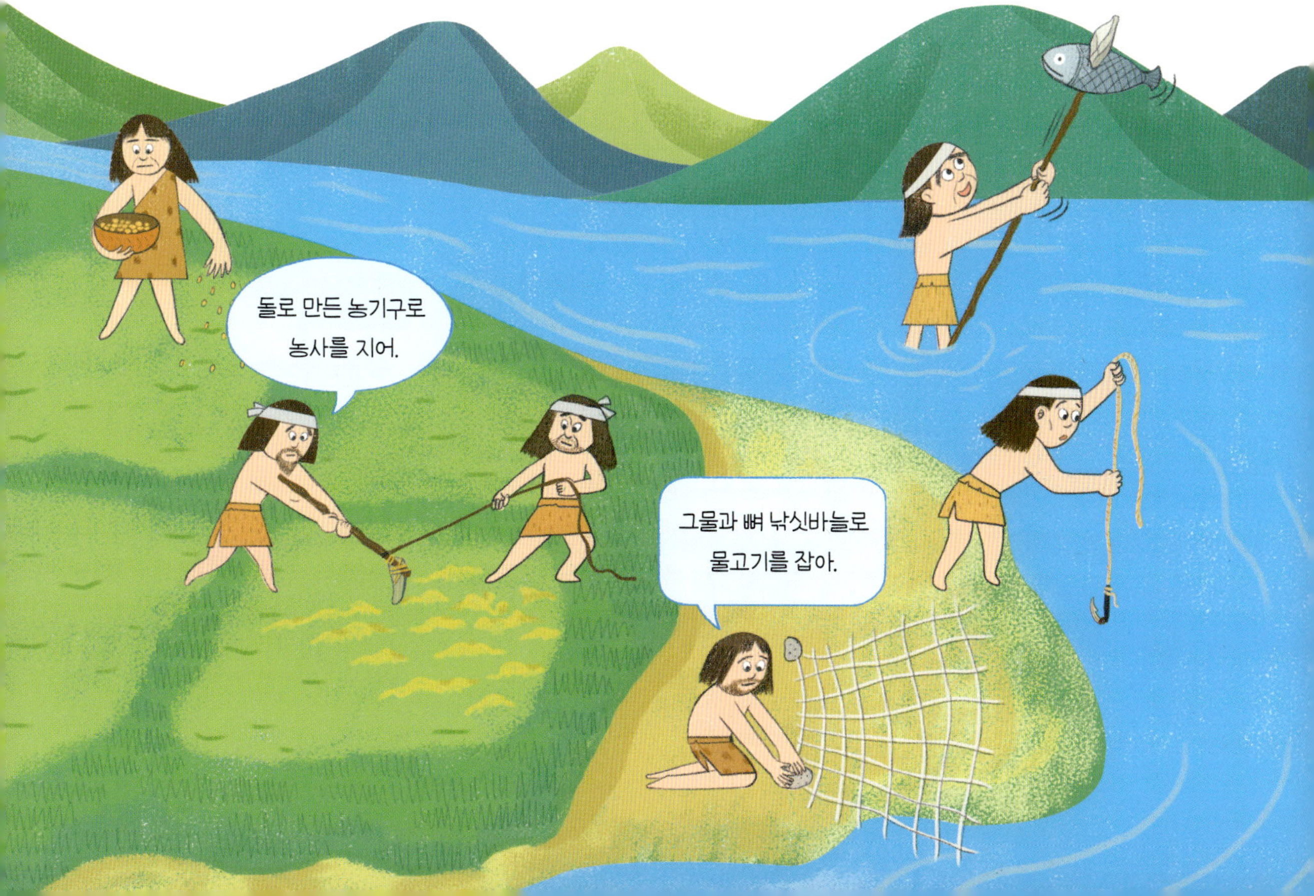

돌로 만든 농기구로 농사를 지어.

그물과 뼈 낚싯바늘로 물고기를 잡아.

◀ 간석기

신석기 시대 사람들은 곡식의 낟알을 땅에 뿌리면 새싹이 돋고 다시 곡식이 열린다는 것을 알게 되었어. 사람들은 조, 피, 기장 등의 씨를 뿌려 농사짓기 시작했고, 농사를 통해 부족한 식량을 보충할 수 있게 되었지. 울타리를 두르고 가축을 기르면서 위험한 사냥을 나가는 일도 점점 줄었어. 농사를 짓기 시작하면서 일어난 이런 큰 변화를 '신석기 혁명'이라고 불러. 하지만 수확한 곡식이 넉넉하지 않았기 때문에 여전히 풀뿌리를 캐 먹고 나무 열매를 따 먹었지. 당시 마을 사람들은 먹을거리를 얻기 위해 힘을 모았어. 수확한 곡식과 가축의 고기는 함께 나누어 먹었지.

신석기 시대 사람들은 농사와

▲ 신석기 문화 유적지

54 처음탄탄 한국사

사냥, 고기잡이 등에 필요한 새로운 도구를 만들었어. 돌을 정교하게 갈거나 다듬은 간석기를 만들었지. 땅을 일구기 위해 돌괭이와 돌보습을 만들고, 곡식을 베는 데 쓰는 돌낫도 만들었어. 몸집이 작고 발이 빠른 동물을 잡기 위해 화살을 만들고 고기잡이를 위해 그물과 돌그물추를 만들었어. 먼바다에 나갈 수 있게 배를 만들기도 했지.

사람들은 겨울에 먹을 곡식이나 열매, 봄에 뿌릴 씨앗을 보관하기 위해 흙으로 그릇을 빚었어. 이 그릇을 불에 구워 단단하게 만들었지. 이렇게 만들어진 대표적인 그릇이 바로 빗살무늬 토기야. 겉에 빗살 같은 선을 그려 넣었기 때문에 이런 이름이 붙었지.

신석기 시대가 되면서 사람들은 옷

◀ 빗살무늬 토기

▲ 강원도 양양군 오산리 선사 유적 박물관의 신석기 시대 움집 복원 모습(왼쪽)과 양양 오산리 유적에서 발견된 결합식 낚싯바늘(오른쪽)

 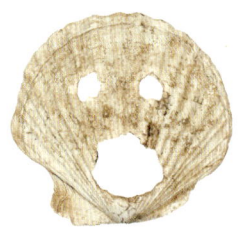

◀ 실을 뽑는 데 사용된 가락바퀴(왼쪽)와 조개껍데기 장식(오른쪽)

을 직접 만들어 입었어. 가락바퀴를 이용해 삼이나 모시풀 등 식물의 줄기를 꼬아 긴 실을 만들고, 이 실을 동물의 뼈로 만든 바늘에 꿰어 가죽이나 넓은 나무껍질을 꿰매 옷을 만들었지. 물론 지금처럼 근사한 옷은 아니었지만, 풀이나 동물 가죽을 몸에 대충 두르던 때와는 비교할 수 없었을 거야. 또한 신석기 시대 사람들은 조개껍데기로 팔찌도 만들고, 목걸이, 귀걸이도 만들어 자신의 몸을 아름답게 꾸미기도 했어.

> **빗살무늬 토기의 아래쪽을 뾰족하게 만들고
> 겉면에 무늬를 새겨 넣은 까닭은?**
>
> 아마도 강가 근처의 부드러운 흙에 토기를 박아 고정해 놓고 쓰기 위해 토기 아래쪽을 뾰족하게 만들었을 거라고 추측해. 또, 굽는 과정에서 토기가 쪼개지지 않도록 겉면에 무늬를 새겼을 것으로 짐작하고 있어.

## 해와 달, 곰과 호랑이를 섬겼다고?

인간이 살아가는 데 가장 큰 영향을 주는 것은 자연이야. 특히나 옛사람들에게 온 세상을 비추는 태양은 신비한 존재였지. 먹을 물과 농사지을 물을 대 주는 강은 생명 줄과 같았어.

하지만 동시에 자연은 두려운 존재이기도 했어. 어느 날 갑자기 쏟아지는 폭우는 밭에 뿌려 둔 씨앗을 앗아 갔지. 여름 내내 뜨거운 햇볕이 내리쬐면 그해 농사를 망치기도 했어. 사나운 짐승들의 공격에 다치거나 목숨을 잃는 경우도 잦았어. 거센 폭풍과 파도가 마을을 집어삼킬 때도 있었지. 그러다 보니 사람들은 해와 달, 큰 강이나 산, 큰 나무, 큰 바위 등을 특별하게 여기며 섬기게 되었어. 또한 호랑이나 곰 같이 강한 동물을 마을을 지켜 주는 수호신으로 삼아 숭배했단다.

생각 톡톡

# 청동으로 도구를 만들어 썼다고?

"저기 제사장님 목에 걸린 장식 좀 봐! 반짝반짝 빛을 내는 게 꼭 태양을 보는 것 같아."
청동이는 가족과 함께 제사를 구경하고 있었어. 구경꾼들은 제사장이 두른 번쩍이는 청동 검과 장식을 보며 감탄했어. 청동이도 제사장의 장식품이 몹시 탐났지. 제사장은 왜 청동으로 만든 검과 장식을 걸치고 제사를 지냈을까?

시간이 흐르면서 사람들은 땅속에 묻혀 있는 구리와 주석 같은 금속을 발견했어. 구리와 주석을 섞으면 청동이 되는데, 이 청동으로 검이나 도끼 같은 무기, 거울과 방울 같은 장식품을 만들었지. 이 시대를 '청동기 시대'라고 불러. 기원전 2000년경부터 만주에서 전해진 청동기 문화는 점차 한반도 전역으로 퍼졌어.

그런데 청동의 재료인 구리와 주석은 돌처럼 쉽게 구할 수 없었어. 청동으로 도구를 만드는 과정도 까다로웠지. 먼저 구리와 주석 광석을 큰 가마에 넣고 높은 온도에서 녹여 금속을 분리해 냈어. 그리고 돌로 만든 거푸집에 녹여 낸 청동을 붓고 오랜 시간 동안 식혀 도구를 만들지. 그러다 보니 시간과 노력이 아주 많이 들었고, 많은 양의 청동 도구를 만들기 어려웠어.

▼ 거푸집

그래서 청동 도구는 청동이네 마을 제사장 같은 지배층들만 가질 수 있었어. 반달 돌칼이나

◀ 청동 검(비파형 동검)

돌낫 같은 농기구와 생활 도구는 여전히 돌이나 나무로 만들어 썼지.

 사람들의 삶에는 또 한 번 많은 변화가 생겼어. 밭농사뿐만 아니라 강가 주변에서는 벼를 심어 기르기도 했지. 농사지어 거두어들인 곡식의 양이 늘어나 먹고 남는 곡식도 생겼어. 이전에는 수확한 곡식만으로는 모자라 사냥을 하거나 나무 열매를 따 먹어야 했지. 하지만 이제는 식량 사정이 넉넉해져서 창고를 지어 먹고 남은 곡식을 보관했어. 넓은 곳에 울타리를 치고 이전보다 더 많은 가축도 길렀어.

 그러면서 사람들은 공동의 것이 아닌 내 것, 네 것을 구분하기 시작했어. 곡식과 가축을 많이 가진 사람과 적게 가진 사람이 생겨났지. 많이 가진 사람은 적게 가진 사람을 지배했어. 이렇게 해서 계급

토기에 수확한 곡식을 담는 모습

괭이질하는 모습

농기구로 밭을 가는 모습

▲ 농사짓는 모습이 새겨진 청동기

이 생겨난 거야. 또 서로 다른 집단이 식량을 두고 다툼을 벌이기도 했지. 집단 사이에 전쟁이 일어나면서 집단에 속한 사람들을 이끌고 전쟁을 지휘하는 우두머리가 나타났어. 족장은 전쟁터에서 활약하며 권력을 점점 키워 갔고, 하늘에 제사를 지내는 제사장의 역할까지 맡으며 집단을 다스렸어.

청동기 시대 사람들은 농사짓기 좋은 들판이나 낮은 언덕에 마을을 이루고 살았어. 집의 모양도 변하고 집 안의 모습도 조금씩 달라졌지.

▲ 간돌칼
청동기 시대에도 사람들은 돌을 날카롭게 갈아 무기로 사용했어.

▼ 민무늬 토기

청동기 시대에는 땅을 깊이 파지 않고 집을 지었어. 불을 피워 놓는 화덕은 집 안 한가운데가 아닌 구석에 자리했는데, 이걸 보면 잠자는 공간과 조리하는 공간을 구분했음을 알 수 있지. 토기 만드는 기술도 발전했어. 주로 토기 겉면에 무늬가 거의 없고 밑바닥이 평평한 민무늬 토기를 만들어 썼지.

▼ 청동기 시대의 마을

사람들은 창고도 짓고 함께 일하는 공간도 만들었어. 곡식이나 가축을 다른 마을에 빼앗기지 않기 위해 높은 울타리를 두르고, 망을 보는 시설도 설치했지. 울타리 밖에는 물길을 만들어 적의 침입을 막았어. 마을 중심에 제단을 세우고 족장이 하늘에 제물을 바치며 제사를 지냈지.

▼ 청동기 시대에 제사 지내는 모습

## 고인돌은 왜, 어떻게 만들어졌을까?

생각 톡톡

고인돌은 '돌을 괴어 놓았다'는 의미에서 붙여진 이름이야. 청동기 시대 지배층의 무덤으로 여겨져. 어떤 고인돌에서는 지배자가 쓰던 물건으로 보이는 청동 검, 청동 거울, 토기 등이 발견되었지. 그래서 고인돌을 무덤이 아니라 제사를 지내는 제단으로 보는 학자도 있단다.

고인돌은 큰 덮개돌을 고임돌(받침돌)로 괴어 만들었어. 덮개돌은 수십 톤 혹은 100톤이 넘는 것도 있었어. 학자들은 지배자의 권력이 얼마나 컸느냐에 따라 덮개돌의 크기가 달랐던 걸로 추측해. 사람들을 동원해 커다란 돌을 마을까지 옮기고 기둥을 세운 뒤 그 위에 큰 덮개돌을 올리는 일은 엄청난 일이었거든. 그러니 더 많은 일손을 동원할 수 있는 지배자일수록 더 큰 덮개돌을 올릴 수 있었겠지.

고인돌은 제법 큰 기둥 모양 받침돌을 괴어 만든 탁자 형태의 고인돌도 있고, 작은 받침돌을 여러 개 괴어 만든 바둑판 형태의 고인돌도 있어. 우리나라뿐만 아니라 유럽과 아시아 지역에서도 발견되고 있는데, 한반도는 전 세계에서 고인돌이 가장 많은 고인돌 왕국이기도 해.

▲ 탁자식 고인돌

▲ 바둑판식 고인돌

생각 톡톡

## 고인돌 만드는 과정

① 구덩이를 파고 고임돌을 세운다.

② 고임돌 주변에 흙을 채운다.

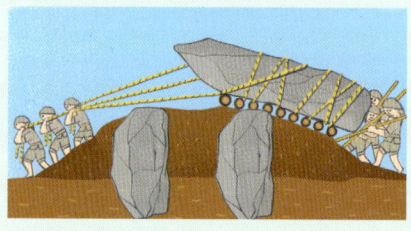
③ 위에 덮을 덮개돌을 끌어다 올린다.

④ 주변에 채워 놓은 흙을 제거한다.

# 단군 신화가 알려 주는 것은?

웅이는 오늘 수업 시간에 단군왕검 이야기를 들었어. 단군왕검은 하늘을 다스리는 신의 아들 환웅과 곰이 사람으로 변한 웅녀 사이에서 태어났는데, 후에 고조선을 세워 무려 1,500년 동안 다스렸대.
웅이는 이야기를 들으며 연신 고개를 갸웃거렸어. 곰은 어떻게 사람으로 변했을까? 단군왕검이 1,000년이 넘게 나라를 다스렸다는 게 정말일까?

고려 시대의 승려 일연이 쓴 역사서 《삼국유사》에 단군왕검에 대한 아주 흥미로운 이야기가 기록되어 있어. 한번 들어 볼래?

아주 오래전, 하늘을 다스리는 신 환인에게는 환웅이라는 아들이 있었어. 환웅은 인간 세상에 관심이 많아 자주 인간 세상을 내려다보 았어. 그리고 인간 세상에 내려가 살고 싶어 했지. 환인은 아들 환웅의 뜻을 알아차리고 하늘 아래 인간 세상을 내려다보았어. 인간 세상을 보노라니 세상을 널리 이롭게 하면 좋겠다는 생각이 들었지.

**천부인**
《삼국유사》에는 천부인이 어떤 물건이었는지 쓰여 있지 않아. 다만 후대에 이르러 각각 청동 검, 청동 거울, 청동 방울이 아닐까 추측하지.

"아들아, 너에게 하늘의 증표인 천부인*을 주마. 가지고 내려가 인간 세상을 잘 다스리거라."

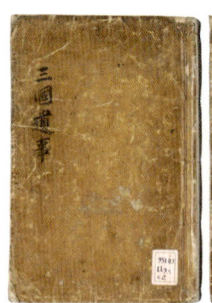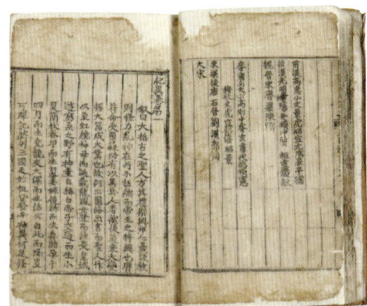

◀ 《삼국유사》

환웅은 3,000명의 무리를 거느리고 태백산 꼭대기의 신단수* 밑으로 내려왔어. 환웅은 바람과 비, 구름을 다스리는 신하들과 함께 곡식과 운명, 질병, 형벌과 선악 등 인간의 여러 일을 주관하며 세상을 다스렸어.

이때 곰 한 마리와 호랑이 한 마리가 찾아와 환웅에게 사람이 되고 싶다고 빌었어. 환웅은 곰과 호랑이에게 신령한 쑥 한 줌과 마늘 스무 쪽을 주며 말했어.

"너희가 이것을 먹고 100일 동안 햇빛을 보지 않으면 곧 사람이 될 것이다."

**신단수**
단군 신화에서 환웅이 처음 하늘에서 내려와 도착했다는 신성한 나무를 말해.

곰과 호랑이는 어떻게 되었을까?

호랑이는 며칠을 견디지 못하고 그만 동굴 밖으로 뛰쳐나갔어. 하지만 곰은 환웅의 당부를 잘 지켜 21일 만에 여인의 몸으로 변했지. 여자가 된 곰(웅녀)은 매일 신단수 아래에서 아이를 갖게 해 달라고 빌었어. 이에 환웅은 잠시 사람으로 변해 웅녀와 결혼했어. 곧 웅녀는 바라던 대로 아이를 낳았지. 이 아이가 바로 단군왕검이야.

단군왕검은 기원전 2333년 평양성에 도읍을 정하고 나라 이름을 '조선'이라 정했대. 이후 도읍을 백악산의 아사달이란 곳으로 옮기고 나라를 다스렸다고 해. 단군왕검이 세운 조선은 나중에 '고조선'으로 불렸어.

▼ 강화 참성단
인천 강화도 마니산에 있어. 단군이 하늘에 제사를 올리기 위해 쌓았다고 해.

　그런데 단군왕검 이야기는 정말 있었던 일일까? 모두 사실이라고 믿기는 어렵지. 하지만 이 이야기에는 과거 사람들의 생각과 중요한 역사적 사실이 담겨 있어. 환웅과 웅녀의 결혼을 하늘의 자손임을 내세우는 부족과 곰을 숭배하는 부족이 힘을 모아 단군왕검을 왕으로 하는 나라를 세웠다는 뜻이라고 해석하기도 하지.

　환웅이 바람, 비, 구름을 담당하는 신하를 데리고 땅으로 내려온 건 고조선이 농경 국가였음을 짐작하게 해. 그리고 단군왕검이 한 사람의 이름이 아닌 당시 나라를 다스리는 지배자를 일컫는 호칭이었을 것이라고 추측하지. 역사학자들은 '단군'은 하늘에 제사를 지내는 제사장을 뜻하고, '왕검'은 정치적 지배자를 뜻하는 단어일 것으로 생각해. 그러니 단군왕검이 1,500년간 다스렸다는 것은 단군왕검이라 불리던 지배자가 오랫 동안 통치했다는 의미일 거야.

이렇게 단군왕검 이야기를 알아봤어. 어때? 얼핏 보면 황당한 이야기 같지만 그 속에 역사적 사실들을 추측하고 찾아내는 게 재미있지 않니?

이런 건국 신화는 우리나라뿐 아니라 세계 각국에 있고, 대대로 전해 내려오며 그 나라의 민족 혹은 국민을 하나로 단단히 묶어 주는 역할을 해. 우리 민족이 스스로를 '단군의 자손', '한민족'이라 일컫는 것처럼 다른 나라 사람들도 자기네 건국 신화를 공유하면서 같은 민족, 같은 나라 사람이라는 의식을 갖는 거야.

## 세계 각국의 건국 신화

생각 톡톡

　우리나라의 단군왕검 이야기처럼 세계 각국에는 저마다 민족의 시작이나 건국에 관한 이야기가 전해져 내려와. 어떤 신화들이 있는지 한번 살펴볼까?

　고대 로마에는 늑대와 관련된 이야기가 전해져. 로물루스와 레무스 형제는 전쟁의 신 마르스와 한 공주 사이에서 쌍둥이로 태어났어. 하지만 태어나자마자 바구니에 실려 테베레강에 버려지는 신세가 되었지. 쌍둥이가 왕을 몰아내고 새로운 나라를 세운다는 예언 때문이었어.

　이렇게 강을 따라 떠내려온 바구니를 발견한 것은 다름 아닌 늑대였어. 늑대는 형제가 든 바구니를 건져 내고 이들에게 젖을 먹여 키웠지. 그러던 어느 날, 한 양치기가 늑대의 젖을 먹고 있던 형제를 발견했고, 이들을 데려다 자식으로 삼아 키웠어.

　청년으로 성장한 형제는 나쁜 왕을 몰아냈고, 로물루스가 새 나라 로마를 세웠어. 결국 예언이 이루어진 거야.

　또 다른 흥미진진한 이야기도 있어. 일본에서 창조신으로 떠받들리는 신이 둘 있는데, 이자나기와 이자나미라는 신이야. 이자나기와 이자나미는 결혼해서 많은 자식을

◀ 늑대의 젖을 먹는 로물루스와 레무스 형제의 조각상

**생각 톡톡**

▲ 일본 창조 신화 속 주인공 이자나기와 이자나미

두었어. 이들 사이에서 오늘날 일본을 이루는 무수히 많은 섬과 수십 명의 신들이 태어났지. 그러던 어느 날 이자나미는 불의 신을 낳다가 화상을 입고 목숨을 잃고 말았어. 슬픔에 빠진 이자나기는 저승으로 가 아내를 되살리려 했지. 이자나미가 다시 살 방법은 이자나기가 이승에 도착할 때까지 뒤를 돌아보지 않는 것이었어. 하지만 이자나기는 궁금증을 참지 못하고 도중에 뒤를 돌아보고 말았지.

이자나기는 온몸이 썩고 구더기가 들끓는 아내의 모습을 보고 질겁해 도망쳤어. 저승에서 빠져나온 이자나기는 물에 뛰어들어 몸을 씻어 냈지. 이때 오늘날 일본을 대표하는 신 아마테라스가 태어났다고 해.

어때, 재미있지 않니? 신화는 얼핏 허무맹랑하게 들리기도 하고 믿기 어려운 내용도 많아. 하지만 이 안에는 각 국가와 민족의 특별함, 혹은 자부심이 숨겨져 있단다. 이런 자부심은 민족과 나라를 이루는 구성원들을 하나로 똘똘 뭉치게도 하지. 다른 나라에 어떤 재미있는 신화가 있는지 한번 찾아보지 않을래?

# 8조법에 나타난 고조선 사회의 모습은?

"이 자의 재산을 몰수하고 노비로 삼도록 하라."
두 사람이 재판관 앞에 무릎을 꿇은 채 머리를 조아리고 있었어. 재판관은 단호한 목소리로 죄인에게 판결을 내렸지. 단이는 법을 어겼으니 벌을 받는 게 당연하다고 생각하며 엄마와 함께 재판을 지켜보았어. 벌을 받은 사람은 도대체 무슨 잘못을 저지른 걸까? 그리고 이 법은 언제 만들어졌을까?

작은 마을로 시작해 점점 세력을 키운 고조선은 중국의 동북쪽 지역과 한반도 서북쪽 지역에서 성장해 나갔어. 그러던 어느 날, 위만이라는 사람이 1,000여 명의 무리를 이끌고 고조선에 들어왔어. 고조선의 준왕은 위만에게 국경 지역을 수비하게 했지.

위만은 이곳에서 점점 세력을 키워 갔어. 그리고 기원전 194년, 준왕을 몰아내고 새로이 고조선의 왕이 되었지. 위만은 왕검성(지금의 평양 일대)을 도읍으로 삼아 나라를 다스렸어. 그래서 이때부터의 고조선을 '위만 조선'이라 구분해서 부르기도 해.

▲ **명도전**

우리나라에 들어온 중국 고대 화폐로, 작은 칼 모양을 하고 있어. 고조선과 중국이 활발한 교역을 했다는 것을 보여 주지.

위만 조선은 본격적으로 중국의 철기 문화를 받아들이며 힘을 키웠어. 중국과 한반도 남쪽 여러 나라 사이에서 물건을 사고파는 중계 무역*을 하며 큰 이익을 남기기도 했지.

**중계 무역**
다른 나라에서 사들인 물건을 그대로 또 다른 나라에 파는 형태의 무역이야.

한편 중국의 역사책에는 고조선이 법을 만들어 나라를 다스렸다는 기록이 있어. 지배층이 사회 질서를 유지하기 위해 만들었던 거지.

이 법은 모두 여덟 조항으로 되어 있어서 흔히 '8조법'이라고 해. 하지만 지금은 8개 조항 중 3개 조항만 기록으로 전해져. 어떤 조항들이 있는지 한번 살펴볼까?

사람을 죽인 사람은 사형에 처한다.

남을 다치게 한 사람은 곡물로 갚는다.

도둑질한 사람은 노비로 삼는다. 용서를 받으려면 50만 전의 돈을 내야 한다.

벌이 무척 엄하지? 비록 3개의 법 조항뿐이지만, 이것만 보더라도 고조선 사회가 어땠는지 짐작할 수 있어.

예를 들어, 살인을 저질렀을 때 범죄자를 사형에 처했다는 걸 통해 고조선 사람들이 생명을 중요하게 생각했다는 걸 알 수 있지.

또 사람을 다치게 하면 벌을 주었다는 점에서 노동력을 중요하게 여겼다는 것을, 곡물로 그 죄를 갚게 한 것으로 보아 개인이 재산을 가질 수 있었음을 알 수 있어. 마지막으로 도둑질한 사람을 노비로 삼은 걸 보면 고조선에 노비라는 계급이 있었음을 알 수 있어. 물론 돈을 내고 노비 신분에서 벗어날 수도 있었지만, 사람들은 도둑질한 사람과는 혼인하려고 하지 않았다고 해.

**한나라**(기원전 202년~기원후 220년)
약 400년 동안 중국을 다스린 통일 왕조야. 중국 문화의 기틀을 세웠어.

**흉노**
몽골고원과 만리장성 지역을 중심으로 한때 세력을 떨쳤던 유목 집단이자 국가야.

고조선은 점점 세력을 키우면서 중국을 통일한 한나라*와 대립했어. 한나라에 맞서기 위해 당시 한나라의 큰 적이었던 흉노*와 손을 잡으려고도 했지. 그러자 한나라는 마음이 급해졌어. 흉노와 고조선이 손을 잡는다면 도저히 감당할 수 없었거든. 결국 한나라는 기원전 109년, 고조선을 침략했어.

고조선은 1년 가까이 한나라의 군사를 물리치며 잘 버텼어. 하지만 전쟁이 길어지면서 고조선의 지배층은 끝까지 한나라에 맞서야 한다는 세력과 항복하자는 세력으로 나뉘었지. 결국 지배층 일부가 고조선 왕을 죽이고 항복했어.

왕의 신하였던 성기가 남은 군사들과 성 주민을 모아 함께 끝까지 맞서 싸웠지만, 수도 왕검성은 끝끝내 한나라의 손아귀에 들어가고 말았지. 고조선은 기원전 108년, 이렇게 멸망하고 말았단다.

### 위만 조선도 고조선?

중국 연나라의 관리였던 위만은 우리 민족의 고유한 풍습이었던 상투를 틀고 흰 옷을 입고 고조선으로 넘어왔다고 해. 그래서 위만을 고조선 출신으로 연나라에서 산 사람으로 보기도 하지. 고조선의 왕이 된 위만은 '조선'이라는 나라 이름과 고조선의 문화를 그대로 유지했어. 그래서 위만 조선 시기도 고조선의 역사로 보는 거야.

## 한반도에서 제작된 청동기, 세형 동검

청동기 문화가 발전하면서 한반도에서도 청동 도구를 수입하지 않고 직접 만들기 시작했어. 그걸 어떻게 알 수 있냐고? 한반도 곳곳에서 청동 도구를 만드는 틀인 거푸집과 세형 동검이 발견되었거든. 비파형 동검은 중국 지역에서도 발견되지만, 세형 동검은 한반도 지역과 그 주변에서만 발견돼. 그래서 세형 동검을 '한국식 동검'이라고도 부른단다.

▲ 비파형 동검
중국의 전통 악기 '비파'와 모양이 비슷해서 비파형 동검이라 불려. 중국 동북부 랴오닝 지역에서 많이 발견된다고 해서 '랴오닝식(요령식) 동검'이라고도 하지.

▲ 세형 동검
한반도 지역에서 만들어졌기 때문에 '한국식 동검'이라고도 해. 비파형 동검보다 훨씬 뒤에 만들어졌지. 세형 동검은 비파형 동검에 비해 칼날이 좁고 날카로워.

# 철기는 어떤 변화를 가져왔을까?

"철로 만든 농기구로 밭을 가니 힘이 덜 드는구먼."
"단단해서 깨지지도 않아요."
구루네 마을 어른들은 철로 만든 새 농기구에 연신 감탄했어. 이제는 땅을 갈다 돌괭이가 깨져서 곤란을 겪지 않아도 되고, 돌칼보다 날카로운 철로 된 칼과 낫으로 곡식을 수확하기도 쉬워졌어.
철기는 사람들의 생활을 또 어떻게 바꾸었을까?

청동기 시대에도 농기구 등 일상생활에 필요한 도구는 주로 돌이나 나무로 만들어 썼어. 청동의 재료인 구리가 구하기도 어렵고 다루기도 어려웠기 때문이야. 그래서 청동으로는 제사를 지내는 도구나 장식용 도구를 만들었지.

기원전 5~4세기경, 중국에서 철을 다루는 기술이 전해지면서 한반도에 철기 문화가 퍼지기 시작했어.

철은 몹시 단단해서 무기뿐만 아니라 농기구 등 훨씬 더 다양한 도구를 만들 수 있었어. 청동의 재료인 구리와 달리 철은 많은 양이 묻혀 있어서 재료를 구하기도 수월했지. 철기가 널리 보급되면서 인류의 삶은 또 한번 커다란 변화를 맞이하게 되었어.

◀▲ 쇠도끼(왼쪽)와 쇠낫(위)의 날
철기가 한반도에 보급되면서 농기구도 점차 철로 만들었어.

　철제 농기구는 나무나 돌로 만든 농기구보다 쉽게 땅을 갈 수 있었어. 그리고 훨씬 날카로웠지. 철기를 사용하면서 사람들은 더 넓은 땅을 일굴 수 있게 되었어. 농사짓는 땅이 넓어지자 곡식도 훨씬 더 많이 거둬들이게 되었지.

　한편으로는 철로 무기를 만들면서 전쟁이 잦아졌어. 우수한 철제 무기를 가진 부족은 주변 부족을 하나둘 정복해 영역을 넓혀 나갔지. 부족과 부족이 합쳐지면서 많은 사람을 다스리기 위한 여러 가지 통치 질서도 마련되었어. 그 결과 한반도 곳곳에서 여러 나라가 등장하게 되었단다.

▶ 고리자루 큰 칼
철로 만든 검은 청동 검이나 돌칼과 비교할 수 없을 정도로 단단하고 예리했어.

그릇 입구에 띠 모양의 흙을 덧붙여 무늬를 내서 덧띠 토기라고 해.

검은 간 토기는 광물질을 입혀 광택이 나도록 했어. 또 겉면을 갈아 매끈한 게 특징이야.

▲ 덧띠 토기　　▲ 검은 간 토기

　청동기 시대 후기부터 철기 시대에는 덧띠 토기, 검은 간 토기 등 다양한 토기를 만들어 사용했어. 토기를 제작하는 기술이 발달하면서 더 얇고 가벼우면서 단단한 토기를 만들 수 있었지. 나무로 만든 관을 땅에 묻은 널무덤이나 항아리 두 개를 붙여 만든 독무덤도 널리 만들어졌어. 사람들은 땅 위에 기둥을 세우고 그 위에 짚을 엮어 지붕을 얹은 초가집을 짓고 살았단다.

◀ 초기 철기 시대 집터(강원도 횡성군)

## 고조선이 무너진 뒤 한반도는 어떻게 되었을까?

생각 톡톡

　고조선이 멸망한 뒤 한나라는 옛 고조선 땅에 낙랑군을 비롯한 4개의 군(한사군)을 설치했어. 그러고는 관리를 보내 직접 다스렸지.

　한사군이 설치되자 중국의 관리와 상인이 이주해 왔고, 이들을 통해 자연스럽게 중국 문물이 들어왔어. 중국의 앞선 문물이 전해지면서 한반도에는 많은 변화가 생겨났단다.

　다른 군들은 고조선 유민들의 저항으로 없어졌지만 낙랑군은 400년 정도 유지되었어. 낙랑군은 훗날 한반도에 들어선 변한 등 여러 나라와 교류하기도 했지. 낙랑군은 조금씩 성장하던 고구려와 백제에 치여 압박을 받았어. 그러다 313년 고구려에 정복되며 역사에서 자취를 감추었지. 낙랑군이 있던 평양 일대에서는 당시의 무덤과 유물이 많이 발견되었어.

> **유민**
> 망해서 없어진 나라의 백성을 뜻해.

◀ 평양에서 발견된 낙랑군의 유물

# 한반도 곳곳에 여러 나라가 세워졌다고?

"저 아래 강 주변에 나라를 세웁시다."
"넓은 평야가 있어 농사짓고 살기 좋겠군요."
한 무리의 사람들이 넓은 들판을 바라보며 만족한 표정을 지었어. 그 속에 어린 현이도 있었지. 이들 무리는 어떤 나라를 세웠을까?

▲ 한반도와 주변 지역에 등장한 나라들

한반도와 그 주변에서 철기가 본격적으로 사용되면서 여러 나라가 세워졌어. 부여, 고구려, 옥저, 동예, 삼한이 바로 이때 세워진 나라들이야.

먼저 부여는 만주 쑹화강 유역에 세워진 나라였어. 전해지는 이야기에 따르면, 동명이라는 사람이 부여를 세웠다고 해.

부여는 기원전 2세기에 세워져 700년가량 역사를 이어 갔어. 나라의 중심 지역은 왕이 다스렸고, 마가, 우가, 저가, 구가라는 지배자들이 사출도라는 주변 지역을 독자적으로 다스렸지. 마가는 말, 우가는 소, 저가는 돼지, 구가는 개를 각각 자신이 다스리는

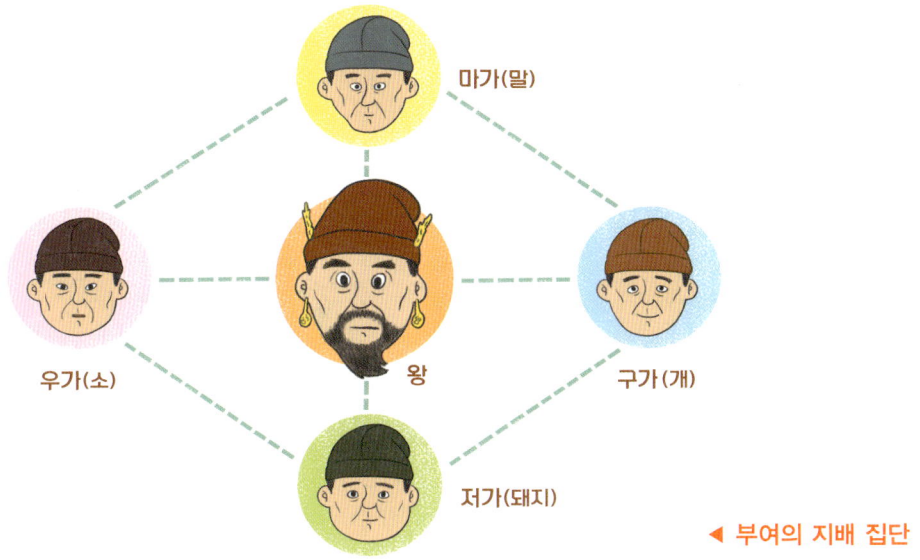

◀ 부여의 지배 집단

지역과 연결시켰어. 부여는 목축이 발달했기 때문에 각 지역의 지배자들의 이름을 이렇게 가축의 이름을 따 지은 거야.

고구려는 압록강 중류 졸본 지역에 자리를 잡았어. 부여에서 내려온 주몽이 세웠는데, 훗날 부여를 넘어설 정도로 큰 나라로 성장했지. 고구려 역시 부여와 마찬가지로 왕이 있었고, 왕 아래 여러 명의

▼ 오녀산성
중국 랴오닝성 환런현에 있는 오녀산성은 고구려의 첫 도읍지인 졸본의 산성으로 짐작되는 곳이야.

지배자가 자신의 지역을 각자 다스렸어. 나라의 중요한 일은 이들 우두머리의 회의인 '제가 회의'를 통해 결정했지.

옥저와 동예는 함경도와 강원도 북부 해안가에 터를 잡았어. 이곳은 땅이 기름져서 농사짓기 좋았고, 바다가 가까워서 해산물이 풍부했어. 왕은 따로 없었어. 각 지역의 힘센 지배자가 각각 자기 지역을 다스렸지. 그런데 왜 이 두 나라는 왕이 없었던 걸까?

그건 고구려 때문이야. 옥저와 동예에서 중국으로 가는 길목을 고구려가 가로막고 있었거든. 그 때문에 두 나라는 부여나 고구려처럼 중국의 앞선 문화와 통치 체제를 받아들이기 어려웠지. 게다가 고구려의 잦은 침략으로 왕국으로 발전할 수 없었던 거야.

삼한은 한반도 중부와 남부 지역에 세워진 마한, 진한, 변한을 가리켜. 한반도 중남부 지역은 평야가 발달해서 농사짓기 좋았지.

삼한은 크고 작은 나라가 여럿 모인 연맹체였어. 마한은 54개, 진한과 변한은 각각 12개의 작은

▲ 삼한의 토기

나라로 이뤄져 있었지. 삼한 역시 옥저와 동예처럼 나라를 다스리는 왕은 없었어. 다만 나라마다 힘센 지배자가 있었고, 이들이 각기 고을을 다스렸어. 변한과 진한에서는 철이 많이 생산되어 일본(왜), 낙랑 등 주변 나라에 수출했지.

◀ 덩이쇠
덩이쇠는 철을 납작하게 두드려 만든 쇳덩이로 화폐처럼 사용되기도 했어.

생각 톡톡

## 도둑질한 사람이 들어와도 잡아갈 수 없었다고?

삼한에는 죄를 지은 사람이 들어와도 함부로 잡아갈 수 없는 신성한 장소가 있었어. 바로 '소도'야. 삼한은 정치적 지배자가 다스리는 지역과 종교적인 지배자가 다스리는 지역이 각각 달랐어. 하늘에 제사를 지내는 제사장을 천군이라고 했는데, 이 천군이 다스리는 지역이 소도였지.

기록에 따르면 소도에는 큰 나무에 북을 달아 두었다고 해. 신성한 지역으로 아무나 함부로 들어올 수 없음을 표시한 거야. 훗날 마을 입구에 세운 솟대는 이러한 풍습에서 나온 거란다.

# 여러 나라에는 어떤 특별한 풍습이 있었을까?

"준비 다 했니? 얼른 가서 맛있는 음식도 먹고 신나게 놀아야지."
"네! 빨리 가요, 엄마."
송이는 신이 났어. 오늘은 추수를 마치고 하늘에 제사를 지내는 날이거든. 제사가 끝나면 온 동네 사람들이 함께 어울려 맛있는 음식을 먹고 즐겁게 놀 예정이었지.
그런데 송이네 마을은 왜 하늘에 제사를 지내는 걸까?

한반도와 그 주변 지역의 여러 나라는 주로 농사를 짓고 살았어. 그래서 나라마다 농사가 잘되기를 빌고, 수확을 마친 뒤에는 감사의 의미로 하늘에 제사를 지냈지. 이걸 '제천 행사'라고 해.

부여는 음력 12월에 영고, 고구려와 동예는 음력 10월에 각각 동맹과 무천이라는 제사를 지냈어. 삼한에서는 씨뿌리기가 끝난 뒤인 5월과 추수한 뒤인 10월에 계절제를 지냈지.

제사 지내는 날에는 송이네처럼 온 나라 사람들이 모여 맛있는 음식을 먹고 노래를 부르며 춤을 추었어. 감옥에 갇힌 죄수를 풀어 주기도 했지. 제천 행사를 통해 왕과 부족장은 자신의 권위를 강화했고, 온 나라 사람들은 함께 어울려 화합할 수 있었어.

한편, 고구려와 옥저에는 독특한 혼인 풍습이 있었어. 서옥제와 민며느리제야. 고구려에서는 결혼하면 신랑이 신부 집 뒤에 작은 집을 지어 그곳에서 생활했어. 이를 서옥(사위집)이라고 불러. 아내의 집에서 사는 동안 남편은 농사일이나 집안일 등을 도왔어. 부부는 그곳에서 지내다가 아이들이 크면 가족들을 데리고 남편의 집으로 갔지.

옥저에서는 여자아이가 열 살이 되면 혼인을 약속하고, 신랑 집으로 신부를 데리고 와서 키웠어. 신부가 어른이 되면 집으로 돌려보낸

◀ 고구려의 서옥제

◀ 옥저의 민며느리제

뒤 혼인해서 다시 신랑 집으로 데려왔지. 이를 민며느리제라고 해. 주로 딸을 기를 경제적 여유가 없는 가난한 집에서 이루어지던 관습이었어.

그리고 옥저에서는 사람이 죽으면 임시로 땅에 묻어 두었다가 훗날 그 뼈를 추려 나무 관에 넣은 뒤 가족 공동 무덤을 만들었어. 그리고 무덤 앞에 가족의 모습을 조각해 걸어 두었다고 해. 삼한에서는 무덤 속에 소나 말을 함께 묻거나 새의 깃털을 묻기도 했대.

## 산 사람을 묻었다고?

부여에서는 왕이나 귀족 같은 지배 계급이 죽었을 때 시중을 들던 사람을 함께 무덤에 묻는 순장이라는 풍습이 있었어. 순장은 고대 중국, 인도, 이집트, 메소포타미아 등에서도 행해졌지. 한반도에서도 꽤 오랫동안 이어졌어. 그런데 왜 이런 풍습이 생긴 걸까?

옛사람들은 죽은 뒤에도 삶이 이어진다고 믿었어. 죽은 사람이 삶을 이어가기 위해서는 평소 쓰던 물건과 시중을 드는 사람이 필요하다고 생각했지. 그래서 무덤 속에 무덤 주인이 살아 있었을 때 쓰던 물건과 신하, 가족, 노비 등을 함께 묻은 거야.

순장은 당시 사람들이 보기에도 무척 끔찍하고 잔인했나 봐. 순장으로 희생되는 사람이 늘자 수많은 사람이 입을 모아 순장을 비판했지. 순장이 가혹하다는 생각이 퍼지며 사람을 죽이거나 생매장하는 대신 사람의 모습을 본뜬 인형을 묻는 걸로 바뀌었어. 그리고 순장은 점차 자취를 감추었지.

# 왕이 알에서 태어났다고?

"한울아, 고구려를 세운 주몽이 알에서 태어났다는 거 아니?"
엄마의 말씀에 한울이는 깜짝 놀랐어. 어떻게 사람이 알에서 태어날 수 있는지 믿기지 않았거든. 그런데 신라를 세운 박혁거세도 알에서 태어났다는 기록이 있다는 말에 한울이는 또 한 번 놀랐지.
정말 사람이 알에서 태어난 걸까?

만주와 한반도에 세워진 여러 나라 중 고구려는 세력을 키워 옥저와 동예를 정복하고 이후 부여도 정복했어. 그리고 마한 지역에서는 백제, 진한 지역에서는 신라, 변한 지역에서는 가야가 무럭무럭 성장했지.

《삼국유사》에는 고구려, 백제, 신라, 가야의 건국에 관한 신비한 이야기가 기록되어 있어. 어떤 이야기인지 함께 살펴볼까?

하늘을 다스리는 천제의 아들 해모수가 땅에 내려와 물의 신 하백의 딸 유화를 만났어. 하지만 해모수는 다시 하늘로 가 버리고 남겨진 유화는 집에서 쫓겨나고 말았지.

부여의 금와왕은 풀숲에서 울고 있는 유화를

궁궐로 데리고 왔어. 얼마 후 햇빛이 유화를 계속 따라다니더니 유화가 커다란 알을 낳았지. 그 알에서 사내아이가 나왔어. 아이는 어려서부터 활을 잘 쏘아 주몽이라 불렸대. 주몽은 '활을 잘 쏘는 사람'이라는 뜻이었거든. 부여 왕자들은 재주가 뛰어난 주몽을 질투해 죽이려고 했어. 그러자 주몽은 자신을 따르는 무리를 이끌고 남쪽으로 내려와 나라를 세웠어. 이 나라가 바로 고구려야.

고구려의 왕이 된 주몽에게는 비류와 온조 두 아들이 있었어. 그런데 어느 날 주몽이 부여에 있을 때 낳은 아들인 유리가 찾아왔어. 유리가 왕위를 이을 태자가 되자 비류와 온조는 고구려를 떠나 남쪽으로 내려갔어. 형인 비류는 미추홀(인천)에, 동생인 온조는 위례성(서울)에 나라를 세웠지. 하지만 비류가 자리 잡은 곳은 바닷가라 농사짓고 살기가 어려웠어. 결국 비류가 세상을 떠난 후 그를 따르던 백성들은 온조를 따르기로 했지. 온조는 그 후 '온 백성들이 따른다'는 뜻에서 나라 이름을 십제에서 백제로 바꾸었어.

한편, 경주 지역에서는 여섯 촌장이 각 고을을 다스리고 있었어. 하루는 촌장들이 회의를 하는데, 나정이라는 우물가에서 말의 울음소리가 들렸지. 여섯 촌장은 재빨리 그곳으로 가 보았어. 도착해 보니 흰말 한 마리가 자줏빛을 띤 커다란 알 앞에 있었지. 말은 머리를 조아리더니 곧 하늘로 올라갔어. 얼마 후 그 알에서 건강한 사내아이가 태어났어. 촌장들은 그 아이에게 박혁거세라는 이름을 붙여 주고 청년이 되자 왕으로 삼았지. 박혁거세가 세운 나라는 훗날 신라가 되었단다.

고구려, 백제, 신라 삼국이 나라의 모습을 갖춰 가던 시기의 일이야. 어느 날 김해 지역의 아홉 촌장은 하늘에서 큰 소리를 들었어.

"내가 나라를 세우고 임금이 될 것이다."

아홉 촌장은 구지봉에 올라 땅을 두드리며 노래를 부르고 춤을 추면서 임금을 기다렸어. 얼마 뒤 하늘에서 붉은 보자기에 싸인 황금 상자 하나가 내려왔지. 아홉 촌장은 황금 상자를 열어 보았어. 상자

▲ **김해 구지봉석**
하늘에서 여섯 개의 알이 든 황금 상자가 내려왔다는 이야기가 전해지는 곳이야.

안에는 둥근 황금색 알 여섯 개가 있었지.

얼마 후 알에서 여섯 명의 사내아이가 나왔어. 이들 중 가장 먼저 나온 수로는 금관가야의 왕이 되었어. 그리고 나머지 다섯 명도 다섯 가야의 왕이 되었지.

이렇게 고구려의 주몽, 신라의 박혁거세, 가야의 수로왕은 모두 알에서 태어났다고 기록되어 있어. 그런데 왜 하필 나라를 세운 왕들이 다 알에서 태어난 것일까?

둥근 알은 태양을 상징해. 또한 알은 하늘을 나는 새들이 낳아. 예로부터 새는 땅에 사는 인간과 하늘을 연결해 주는 특별한 존재로 여겨졌어. 즉 알에서 태어난 이들 왕은 곧 하늘의 자손이라는 걸 뜻하지. 이런 이야기들은 왕의 탄생을 신비롭고 특별하게 그려 왕의 권위와 통치의 정당성을 확보하기 위해 만들어졌을 거야.

한편, 하늘에서 내려오거나 알에서 태어났다는 이야기가 앞선 문물을 가지고 이주해 온 집단을 뜻하는 것으로 해석되기도 해. 수로왕 이야기에서 등장하는 촌장들은 김해 지역에 오래전부터 살아온 토착 세력을 뜻하고, 하늘에서 내려온 여섯 개의 알을 모셨다는 건 토착 세력이 새로운 집단을 받아들였다는 걸 뜻하는 거야. 즉 각 나라의 건국 이야기는 기존 세력과 새로운 세력이 경쟁하거나 협력하여 나라를 세웠음을 보여 주는 것이지.

## 신라 왕비는 용의 자손?

 신라의 시조 박혁거세의 왕비는 알영이야. 《삼국유사》는 알영의 탄생에 대한 이야기도 전하고 있어.

 박혁거세가 태어나던 날, 알영정 우물가에서 계룡이 나타났어. 계룡은 머리는 닭, 몸은 용의 모습을 하고 있었지. 알영은 계룡의 옆구리에서 태어났어.

 태어날 때는 입술이 닭 부리와 같았는데 북쪽 개울로 데려가 목욕을 시켰더니 그 부리가 빠져 아름다운 얼굴이 나타났다고 해. 사람들은 아이가 태어난 우물의 이름을 따서 알영이라고 이름 지었어. 그러고는 상서로운 두 아이, 박혁거세와 알영을 함께 고이 길렀지. 알영은 후에 박혁거세와 결혼해 신라의 첫 번째 왕비가 되었어.

 알영의 탄생 설화를 닭 혹은 용을 수호신으로 여기는 집단이 신라로 이주해 신라 건국에 함께한 것으로 해석하기도 해.

◀ 경주 알영정 비각
알영이 태어났다는 우물 알영정 옆에 세워진 비각이야.

연표

기원전 400만 년 전
인류의 출현

기원전 70만 년 전
한반도, 구석기 시대 시작

기원전 194년
위만이 고조선의 왕이 됨

기원전 108년
고조선 멸망

기원전 57년
박혁거세, 신라 건국

기원전 8000년경(약 1만 년 전)

신석기 시대 시작

기원전 2333년

단군왕검, 고조선 건국

기원전 5~4세기경

한반도에 철기 문화 전파

기원전 18년

온조, 백제 건국

기원전 37년

주몽, 고구려 건국

# 찾아보기

《삼국유사》 68, 100, 105
8조법 75, 77

가락바퀴 52, 56
가야 100, 103
강화 참성단 70
거푸집 60, 80
고구려 85, 88, 89, 90, 94, 95, 99, 100, 102, 103, 107
고인돌 29, 65, 66
고조선 67, 70, 71, 75, 76, 77, 78, 79, 85, 106, 107
구석기 시대 9, 44, 45, 46, 47, 106

낙랑군 85, 88

단군왕검 67, 68, 70, 71, 72, 73, 107
동예 88, 90, 91, 94, 100

루시 35, 38

막집 45, 47
민며느리제 95, 96
민무늬 토기 63, 64

박혁거세 99, 102, 103, 105, 106
부여 88, 89, 90, 94, 97, 100, 101
비파형 동검 33, 61, 80
빗살무늬 토기 33, 52, 55, 56
빙하기 52, 53

사관 26, 27
사초 26
삼한 88, 90, 91, 92, 94, 96
서옥제 95
선사 시대 8, 9, 31
세시 풍속 18, 19
세형 동검 80

| | | | |
|---|---|---|---|
| 소도 | 92 | 주몽 | 89, 99, 101, 103, 107 |
| 수로왕 | 103, 104 | | |
| 수호신 | 19, 57, 105 | 천군 | 92 |
| 순장 | 97 | 천부인 | 68 |
| 신단수 | 69, 70 | 철기 | 77, 81, 82, 83, 84, 88, 107 |
| 신라 | 10, 25, 99, 100, 102, 103, 105, 106 | 철기 시대 | 84 |
| 신석기 시대 | 52, 53, 54, 55, 56, 107 | 청동기 | 60, 62, 80 |
| | | 청동기 시대 | 31, 60, 61, 62, 63, 64, 65, 82, 84 |
| 옥저 | 88, 90, 91, 95, 96, 100 | | |
| 움집 | 16, 53, 55 | | |
| 위만 | 76, 79, 106 | 한나라 | 78, 79, 85 |
| 위만 조선 | 76, 77, 79 | 한사군 | 85 |
| 유물 | 8, 9, 10, 29, 30, 31, 32, 33, 34, 48, 49, 85 | 환웅 | 67, 68, 69, 70, 71 |
| | | 흉노 | 78 |
| 유적 | 8, 9, 10, 29, 31, 32, 33, 34, 46, 47, 48, 55 | | |

| | |
|---|---|
| 전통 | 17, 61, 80 |
| 제천 행사 | 94, 95 |

## 사진 저작권

9 알타미라 동굴 벽화(셔터스톡) | 《조선왕조실록》 오대산사고본(국립고궁박물관)

10 신라 금관(국립중앙박물관) | 경복궁 근정전(국가유산청)

13 5·18 민주화 운동 당시 한 초등학생이 쓴 일기(연합뉴스 헬로아카이브)

26 사관 이용민의 사초(소수박물관)

31 전라남도 화순군 대목리에서 발견한 청동기 시대 유물(국립중앙박물관)

33 주먹도끼(국립중앙박물관) | 빗살무늬 토기(국립중앙박물관) | 비파형 동검(국립중앙박물관) | 무용총 수렵도(퍼블릭도메인)

34 경주 대릉원의 고분들(셔터스톡) | 경주 불국사(국가유산청)

38 루시의 뼈 화석(게티이미지코리아)

44 찍개(국립중앙박물관) | 주먹도끼(국립중앙박물관) | 찌르개(국립중앙박물관) | 슴베찌르개(국립청주박물관)

47 단양 금굴 유적(국가유산청)

48 연천 전곡리에서 주먹도끼를 발견한 그렉 보웬(전곡리선사박물관)

49 연천 전곡리에서 발견된 주먹도끼(국립중앙박물관)

54 간석기(국립중앙박물관, 국립김해박물관)

55 빗살무늬 토기(국립중앙박물관) | 강원도 양양군 오산리의 신석기 시대 움집 복원 모습과 결합식 낚싯바늘(게티이미지코리아)

56 가락바퀴(국립중앙박물관) | 조개껍데기 장식(국립중앙박물관)

60 거푸집(국립중앙박물관)

61 청동 검(비파형 동검)(국립중앙박물관)

62 농사짓는 모습이 새겨진 청동기(국립중앙박물관)

62 간돌칼(국립중앙박물관)

63 민무늬 토기(국립중앙박물관)

65 탁자식 고인돌(셔터스톡) | 바둑판식 고인돌(셔터스톡)

68 삼국유사(국립중앙박물관)

70 강화 참성단(게티이미지코리아)

73 로물루스와 레무스 형제의 조각상(위키피디아_Jean-Pol GRANDMONT)

74 일본 창조 신화 속 주인공 이자나기와 이자나미(퍼블릭도메인)

76 명도전(국립중앙박물관)

80 비파형 동검(국립중앙박물관) | 세형 동검(국립중앙박물관)

82 쇠도끼와 쇠낫의 날(국립중앙박물관)

83 고리자루 큰 칼(국립중앙박물관)

84 덧띠 토기(국립중앙박물관) | 검은 간 토기(국립

중앙박물관) | 초기 철기 시대 집터(국가유산청)

85  평양에서 발견된 낙랑군의 유물(국립중앙박물관)

89  오녀산성(게티이미지코리아)

90  삼한의 토기(국립경주박물관)

91  덩이쇠(국립공주박물관)

103  김해 구지봉석(국가유산청)

105  경주 알영정 비각(게티이미지코리아)

\* 이 책에 쓴 사진은 해당 사진을 보유하고 있는 단체와 저작권자의 허락을 받았습니다.
\* 저작권자를 찾지 못해 사용 허락을 받지 못한 사진은 저작권자를 확인하는 대로 허락을 받고, 출처를 표시하며 통상의 사용료를 지불하겠습니다.

## 생각을 여는 처음탄탄 한국사 01

**초판 1쇄 발행** 2024년 09월 02일
**초판 2쇄 발행** 2024년 11월 12일

**글** 황은희  **그림** 박연옥
**발행처** 주식회사 스푼북  **발행인** 박상희  **총괄** 김남원
**편집** 길유진 김선영 박선정 이지은
**디자인** 정진희 권수아  **마케팅** 박병건 박미소
**출판신고** 2016년 11월 15일 제2017- 000267호
**주소** (03993) 서울시 마포구 월드컵북로6길 88-7 ky21빌딩 2층
**전화** 02- 6357- 0050(편집) 02- 6357- 0051(마케팅)
**팩스** 02- 6357- 0052  **전자우편** book@spoonbook.co.kr

ⓒ 황은희, 박연옥 2024
ISBN 979- 11- 6581- 548- 6 (73910)

* 저작권법에 의하여 한국 내에서 보호를 받는 저작물이므로 무단 전재와 무단 복제를 금합니다.
* 잘못 만들어진 책은 구입하신 곳에서 바꾸어 드립니다.

| **제품명** 생각을 여는 처음탄탄 한국사 01 | | **⚠ 주 의** |
|---|---|---|
| **제조자명** 주식회사 스푼북 \| **제조국명** 대한민국 \| **전화번호** 02- 6357- 0050 | | |
| **주소** (03993) 서울시 마포구 월드컵북로6길 88-7 ky21빌딩 2층 | | 아이들이 모서리에 다치지 |
| **제조년월** 2024년 11월 12일 \| **사용연령** 10세 이상 | | 않게 주의하세요. |
| ※ KC마크는 이 제품이 공통안전기준에 적합하였음을 의미합니다. | | |